딩 딩 바 이 블 청 소 년 양 육 시 리 즈

양육 3년차 2

비전과 진로가 뭐야

|이대희 지음|
예즈덤성경교육원 편

엔크리스토
ENCHRISTO

저자 이대희 목사

장로회신학대학교 신학대학원(M.Div)과 연세대학교 연합신학대학원(Th.M)을 졸업하고 에스라성경대학원대학교에서 성경학박사(D.Litt) 과정을 마쳤다. 예장총회교육자원부 연구원과 서울장신대 교수와 겸임교수를 역임했으며, 분당에 소재한 대안학교인 독수리 기독중고등학교에서 청소년에게 성경을 수년 동안 가르쳤다. 극동방송에서 〈알기 쉬운 성경공부〉〈기독교 이해〉〈크리스천 가이드〉〈전도왕백서〉〈습관칼럼〉 등 신앙양육 프로그램을 진행했다. 저자는 성경공부와 성경교육 전문사역자로 지난 25여 년 동안 성서사랑·성서교회·성서한국·성서나라의 모토를 가지고 한국적 성경교육과 실천사역을 위한 집필과 세미나, 강의사역 등을 하고 있다. 현재 바이블미션 대표와 예즈덤성경교육원 원장, 꿈을주는교회 담임목사로 있다. 저서로는 『30분 성경공부』 시리즈, 『아름다운 십대 성경공부』 시리즈, 『투데이 성경공부』 시리즈, 『틴꿈십대 성경공부』 시리즈, 『인성과 창의력을 중시하는 유대인의 탈무드식 자녀교육법』, 『이야기대화식 성경연구』, 『성품성경공부』 시리즈, 『맛있는 성경공부』, 『맥잡는 기도』, 『전도왕백서』, 『자녀 축복 침상 기도문』, 『누구나 쉽게 배우는 쉬운 기도』, 『예즈덤 성경영재교육』, 『크리스천이여 습관부터 바꿔라』 등 200여 권의 저서가 있다.
e-mail: ckr9191@hanmail.net

딩딩바이블 청소년 양육 시리즈 **비전과 진로가 뭐야**

초판1쇄 발행일 | 2015년 9월 24일

지은이 | 이대희
펴낸이 | 김학룡
펴낸곳 | 엔크리스토
마케팅 | 이동석, 오승호
관리부 | 김동인, 신순영, 정재연, 지구왕

출판등록 | 2004년 12월 8일(제2004-116호)
주 소 | 경기도 고양시 일산동구 장대길 74-10
전 화 | (031) 906-9191   팩 스 | (0505) 365-9191
이메일 | 9191@korea.com
공급처 | 기독교출판유통

ISBN 979-11-5594-021-1 04230

* 잘못된 책은 바꾸어 드립니다.
* 책값은 뒤표지에 있습니다.

* 이 교재의 사용방법·내용·교육·강의와 세미나에 대한 문의는 예즈덤성경교육원(02-403-0196, 010-2731-9078, http://cafe.naver.com/je66)으로 해주세요. 카페에 각과 내용에 대한 동영상 강의 자료가 있습니다. 참고하시기 바랍니다. 매주 월요일에 엔크리스토 성경대학 지도자 훈련코스가 있습니다(개관반·책별반·주제반·성경영재교육반). 1년에 4학기(봄, 여름, 가을, 겨울)로 운영됩니다.

딩딩바이블 청소년 양육 시리즈를 펴내면서…

딩딩바이블은 그동안 10여 년 넘게 한국 교회 베스트 교재로 많은 사랑을 꾸준히 받아 온 〈아름다운 십대 성경공부〉 시리즈를 보완 발전시켜 새로운 모습으로 탄생된 청소년 양육 시리즈입니다. 지금 한국 교회는 다음 세대를 키우지 못하면 미래가 없습니다.

다음 세대를 효과적으로 키우는 데 딩딩바이블 청소년 양육 시리즈는 크게 기여할 것입니다. 그동안 교회 안에서만 이루어졌던 말씀 교육을 발전시켜 가정, 학교, 생활(주일, 주말, 주간, 방학)을 통합하여 전인적인 교육을 이루는 데 초점을 두었습니다. 세상을 이기기 위해서는 부분보다 통합적, 지식보다 지혜 중심의 양육이 필요합니다.

특히 청소년 시기는 인생과 신앙의 기초를 다져주는 아주 중요한 때입니다. 이때에 꼭 필요한 과정을 잘 양육하면 평생 승리하는 인생을 살 수 있습니다. 청소년들의 눈높이에 맞추어 흥미롭게, 간단하고 쉽게, 깊고 명료하게 삶의 실천을 염두에 두고 전체 내용을 구성했습니다. 5천 년 동안 성경교육으로 세계를 지배하고 있는 유대인의 성경 탈무드 교육보다 더 나은(마 5:20) 한국인에 맞는 복음적인 말씀양육 시리즈가 되길 기도합니다.

저자 이대희

•딩딩바이블 청소년 양육 시리즈 특징•

1. **말씀 중심이다** 성경 구절을 찾는 인위적 공부방식에서 탈피하여 본문을 중심으로 성경 전체를 핵심구절로 연결하여 하나님의 본래 의도를 찾도록 구성되었습니다.

2. **흥미롭다** 도입 부분을 십대들의 관심에 맞추어 흥미로운 만화와 삽화로 구성하여 시각적 효과를 높였습니다. 그림과 질문은 닫힌 마음을 열게 하는 효과가 있습니다.

3. **쉽다** 성경공부를 설명식(헬라식)으로 하면 점점 어려워집니다. 그러나 본문 속에서 질문식(히브리식)으로 하면 누구나 쉽게 답할 수 있습니다. 교사가 일방적으로 주입하는 가르침이 아닌 본문의 말씀이 말하는 것을 듣는 방식으로 구성되었기에 교사와 학생이 모두 쉽게 공부할 수 있습니다. 내가 말씀을 보는 것이 아니라 말씀이 나를 보게 해야 합니다.

4. **단순하다** 6개의 질문(관찰: 4개, 해석: 1개, 적용: 1개)으로 누구나 즐겁게 성경공부에 참여할 수 있습니다. 30분 내외의 분반 시간에 끝낼 수 있도록 구성했습니다. 상황에 따라 꼬리질문을 확장할 수 있습니다.

5. **깊다** 깊은 질문으로 말씀의 은혜를 경험할 수 있고 시간이 갈수록 말씀 속으로 빠져듭니다. 해석 질문은 영혼의 깨달음을 갖게 합니다(보통 십대 교재는 해석질문이 없습니다. 여기서 대화를 통한 깊은 나눔을 할 수 있습니다).

6. **균형있다** 십대에 필요한 핵심 주제와 다양한 양육영역(성경·복음·정체성·신앙·생활·인성·공부·인물·습관)을 골고루 제시하여 균형잡힌 신앙성장을 갖도록 했습니다.

7. **명료하다** 현실적으로 짧은 성경공부 시간에 여러 가지 내용을 다룰 수 없기에 한 가지 핵심적인 내용을 명료하게 다루어 분반 공부 효과를 극대화 하도록 했습니다.

8. **공부도 해결한다** 성경공부를 통해 신앙과 더불어 학교공부(사고력·논리력·분석력·집중력·분별력·상상력)도 함께 키울 수 있도록 구성되었습니다.

9. 다양하다 주5일근무제에 맞추어 주일 분반공부, 토요주말학교, 가족밥상머리교육, 제
   자훈련 등 다양하게 사용할 수 있습니다.

10. 전인적이다 주일 하루만 하는 교육이 아니라 가정, 교회, 학교와 주일, 주말, 주간, 방
    학, 성인식을 통합하여 전 삶의 차원에서 적용할 수 있는 양육과정입니다.

•성경공부 진행 방법•

🧑 **마음열기** 시작하기 전에 그림과 만화를 통해 공부할 주제를 기대감과 흥미를 갖게
   합니다.

🧓 **말씀과 소통하기** 오늘 성경본문에 대한 네 가지 질문을 하면서 본문과 소통을 합니다.

●POINT● **포인트** 해당 본문의 핵심을 간단하게 정리해 줍니다.

🧔 **말씀과 공감하기** 본문 말씀 내용 중에 생각해야 할 문제를 관계된 다른 성경구절
   (말씀Tip)을 통하여 깊은 깨달음을 얻도록 돕는 과정입니다.

👦 **삶에 실행하기** 깨달은 말씀의 교훈을 개인의 삶에 적용합니다.

🧑 **실천을 위한 Tip** 삶 속에서 실천할 수 있도록 구체적인 지침을 제공합니다.

|교회와 가정과 학교(주일·주말·주간·방학)를 통합한 1318 전인교육|

•딩딩바이블 청소년 양육 시리즈 전체 양육과정표•

중·고등부 6년 과정에 맞추어 4개 코스로 구성되었습니다. 양육 코스는 3년, 심화
코스는 3년, 성장 코스는 자유롭게 사용하도록 구성했습니다.
이것은 주간에 자기 주도적으로 습관화 하는 과정입니다. 성숙 코스는 방학에 사용
하는 캠프용과 십대과정을 마무리하는 성인식이 있습니다.
'복음 코스'와 '성경 코스'는 교사와 학생이 공통으로 할 수 있는 특별과정입니다.

| 양육 코스 |

구분	코스		영역	1년차	2년차	3년차
주일	양육	1	복음	예수십대	복음뼈대	신앙원리
		2	정체성	나는 누구야	가치관이 뭐야	비전과 진로가 뭐야
		3	신앙	왜 믿니?	왜 사니?	왜 인생수업이니?
		4	생활	십대를 창조하라	유혹을 이겨라	열매를 맺어라

| 심화 코스 |

구분	코스		영역	1년차	2년차	3년차
주일 (주말)	심화	1	Q.A	신앙이 궁금해	교리가 궁금해	성경이 궁금해
		2	인성	인간관계 어떻게?	중독탈출 어떻게?	창의인성 어떻게?
		3	공부	공부법 정복하기	학교공부 뛰어넘기	인생공부 따라잡기
		4	인물	하나님人	예수人	성령人

| 성장 코스(자기주도 코스) |

구분	코스		영역	1년차	2년차	3년차
주일 (주말, 주간)	자기 주도	1	영성	말씀생활 읽기, 암송, 큐티	기도생활 기도, 대화	전도생활 증거, 모범
		2	습관	생활습관 음식, 수면, 운동	공부습관 공부, 시간, 플래닝	태도습관 태도, 성품

| 성숙 코스(마무리 코스) |

구분	코스		영역	1년차	2년차	3년차
방학	캠프	1	영재	신앙과 공부를 함께 해결하는 크리스천 영재 캠프 (3박4일)		
전체	성인식	2	전인	중등부·고등부 (성인식 통과의례 1, 2) - 예수사람 만들기		

•복음 코스(교사와 학생 공통)•

구분	코스	영역	공통과정
모든 세대	복음	새신자	한눈으로 보는 복음 이야기 (새신자 양육)
		불신자	세상에서 가장 복된 소식 당신은 아십니까? (대화식 전도지)

•성경 코스(교사와 학생 공통)•

구분	코스	영역	공통과정
모든 세대	성경	구약	단숨에 꿰뚫는 구약성경관통
		신약	단숨에 꿰뚫는 신약성경관통

차례

나의 비전과 진로는?

십대는 자기 정체성을 확립하는 시기입니다. 자기 정체성이 확립된 십대는 먼저 비전을 갖게 됩니다. 인생의 비전을 갖는 것은 아주 중요합니다. 인생의 목적을 정하는 것이기 때문입니다. 하나님은 인간을 이 땅에 보내시면서 비전을 주셨습니다. 그 비전이 무엇인지 발견해야 하나님 앞에서 의미 있는 삶을 살 수 있습니다.

비전은 인간이 고안한 것이 아닙니다. 하나님이 각자에게 주신 것입니다. 구원받은 그리스도인 모두가 하나님의 비전을 받은 사람들입니다. 우리는 그 비전을 말씀을 통해서 찾아야 합니다. 비전은 생애를 마칠 때까지 계속 지향하는 것을 말합니다. 평생 붙잡고 살아가야 할 비전을 십대에 발견하는 것은 놀라운 축복입니다.

비전을 가진 사람은 진로에 대해 갈팡질팡하지 않습니다. 진로는 비전에 맞추어야 합니다. 비전 없는 진로는 무의미합니다. 비전을 이루기 위해 진로를 탐색하고, 그 진로를 통하여 하나님 나라를 이루면 그것이 성공적인 삶입니다. 함께 성경을 공부하면서 자신의 비전과 진로를 발견하는 복이 임하기를 원합니다.

그러나 내가 가는 길을 그가 아시나니 그가 나를 단련하신 후에는
내가 순금같이 되어 나오리라(욥 23:10)

01

하나님의 **비전**을 품으라

마음열기

1. 위의 내용을 보고 나의 생각을 말해 보십시오.

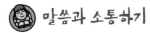 **말씀과 소통하기**

• 출애굽기 3:1-12을 읽으세요.

1 모세가 그의 장인 미디안 제사장 이드로의 양 떼를 치더니 그 떼를 광야 서쪽으로 인도하여 하나님의 산 호렙에 이르매

2 여호와의 사자가 떨기나무 가운데로부터 나오는 불꽃 안에서 그에게 나타나시니라 그가 보니 떨기나무에 불이 붙었으나 그 떨기나무가 사라지지 아니하는지라

3 이에 모세가 이르되 내가 돌이켜 가서 이 큰 광경을 보리라 떨기나무가 어찌하여 타지 아니하는고 하니 그 때에

4 여호와께서 그가 보려고 돌이켜 오는 것을 보신지라 하나님이 떨기나무 가운데서 그를 불러 이르시되 모세야 모세야 하시매 그가 이르되 내가 여기 있나이다

5 하나님이 이르시되 이리로 가까이 오지 말라 네가 선 곳은 거룩한 땅이니 네 발에서 신을 벗으라

6 또 이르시되 나는 네 조상의 하나님이니 아브라함의 하나님, 이삭의 하나님, 야곱의 하나님이니라 모세가 하나님 뵈옵기를 두려워하여 얼굴을 가리매

7 여호와께서 이르시되 내가 애굽에 있는 내 백성의 고통을 분명히 보고 그들이 그들의 감독자로 말미암아 부르짖음을 듣고 그 근심을 알고

8 내가 내려가서 그들을 애굽인의 손에서 건져내고 그들을 그 땅에서 인도하여 아름답고 광대한 땅, 젖과 꿀이 흐르는 땅 곧 가나안 족속, 헷 족속, 아모리 족속, 브리스 족속, 히위 족속, 여부스 족속의 지방에 데려가려 하노라

9 이제 가라 이스라엘 자손의 부르짖음이 내게 달하고 애굽 사람이 그들을 괴롭히는 학대도 내가 보았으니

10 이제 내가 너를 바로에게 보내어 너에게 내 백성 이스라엘 자손을 애굽에서 인도하여 내게 하리라

> 11 모세가 하나님께 아뢰되 내가 누구이기에 바로에게 가며 이스라엘
> 자손을 애굽에서 인도하여 내리이까
> 12 하나님이 이르시되 내가 반드시 너와 함께 있으리라 네가 그 백성을
> 애굽에서 인도하여 낸 후에 너희가 이 산에서 하나님을 섬기리니 이
> 것이 내가 너를 보낸 증거니라

1. 애굽의 왕자였던 모세가 80세가 된 나이에 무슨 일을 하면서 지내고 있
   습니까?(1)

2. 하나님의 산 호렙에서 일어난 일을 말해 보십시오.(2-6)

3. 이스라엘에 대한 하나님의 계획은 무엇입니까?(7-8)

4. 하나님이 모세에게 준 비전은 무엇이며, 그것을 이루기 위해 하나님은 모
   세에게 무엇을 약속했습니까?(9-12)

•POINT•

모세는 영광과 고난을 함께 경험한 사람입니다. 하지만 하나님의 부름을 받은 순간 모세는 완전히 새로운 사람이 되었습니다. 하나님의 비전이 임하면서 모세는 하나님의 사람으로 살게 됩니다. 이제는 그의 인생이 자신을 위해서가 아닌 하나님을 위한 삶이 되었습니다. 하나님께 비전을 받을 때 인생은 달라집니다.

말씀과 공감하기

1. 우리는 하나님이 주신 비전과 꿈을 찾아야 합니다. 모세가 바로의 왕자였던 때와 나이들어 하나님께 붙잡힌 지금 이 순간과 무엇이 다른지 말해 보십시오. 하나님의 부르심을 거절하는 모세를 통해서 느낀 점은 무엇입니까?

묵시가 없으면 백성이 방자히 행하거니와 율법을 지키는 자는 복이 있느니라(잠 29:18)

여호와께서 아브람에게 이르시되 너는 너의 고향과 친척과 아버지의 집을 떠나 내가 네게 보여 줄 땅으로 가라 내가 너로 큰 민족을 이루고 네게 복을 주어 네 이름을 창대하게 하리니 너는 복이 될지라 너를 축복하는 자에게는 내가 복을 내리고 너를 저주하는 자에게는 내가 저주하리니 땅의 모든 족속이 너로 말미암아 복을 얻을 것이라 하신지라(창 12:1-3)

또 본즉 여호와께서 그 위에 서서 이르시되 나는 여호와니 너의 조부 아브라함의 하나님이요 이삭의 하나님이라 네가 누워 있는 땅을 내가 너와 네 자손에게 주리니 네 자손이 땅의 티끌 같이 되어 네가 서쪽과 동쪽과 북쪽과 남쪽으로 퍼져나갈지며 땅의 모든 족속이 너와 네 자손으로 말미암아 복을 받으리라 내가 너와 함께 있어 네가 어디로 가든지 너를 지키며 너를 이끌어 이 땅으로 돌아오게 할지라 내가 네게 허락한 것을 다 이루기까지 너를 떠나지 아니하리라 하신지라(창 28:13-15)

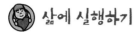 삶에 실행하기

1. 나에게 주신 하나님의 비전을 발견했습니까? 아직 못했다면 그 이유를
   말해 보십시오.

실천을 위한 Tip

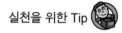 하나님의 비전을 품고 살라

• 그리스도인이 된 순간 우리는 모두 하나님께 비전을 받았습니다.
  아직 비전을 발견하지 못했다면 어떻게 해야 비전을 발견할 수
  있습니까? 발견했다면 그 비전을 어떻게 해야 할까요? 우리가 사
  는 모든 곳은 하나님의 비전을 이루는 현장입니다. 그곳에서 이루
  어야 할 하나님의 소명과 비전은 무엇입니까?

  -가정에서
  -학교에서
  -친구와 이웃과의 사이에서
  -교회에서

02

나의 **영적 재능**은 무엇인가?

 마음열기

1. 위의 그림을 보고 이야기를 꾸며 보세요. 이야기를 통해 깨달은 점은 무
   엇입니까? 현재 나의 장점은 무엇이라고 생각합니까? 아직 발견하지 않았
   다면 그 이유는 무엇입니까?

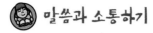 **말씀과 소통하기**

•로마서 12:3-8을 읽으세요.

3 내게 주신 은혜로 말미암아 너희 각 사람에게 말하노니 마땅히 생각
   할 그 이상의 생각을 품지 말고 오직 하나님께서 각 사람에게 나누
   어 주신 믿음의 분량대로 지혜롭게 생각하라
4 우리가 한 몸에 많은 지체를 가졌으나 모든 지체가 같은 기능을 가
   진 것이 아니니
5 이와 같이 우리 많은 사람이 그리스도 안에서 한 몸이 되어 서로 지
   체가 되었느니라
6 우리에게 주신 은혜대로 받은 은사가 각각 다르니 혹 예언이면 믿음
   의 분수대로,
7 혹 섬기는 일이면 섬기는 일로, 혹 가르치는 자면 가르치는 일로,
8 혹 위로하는 자면 위로하는 일로, 구제하는 자는 성실함으로, 다스
   리는 자는 부지런함으로, 긍휼을 베푸는 자는 즐거움으로 할 것이
   니라

1. 교회 안에서 사람들을 섬길 때 그리고 이웃과 함께할 때 나는 어떻게 생
   각해야 합니까?(3)

2. 몸과 지체는 어떤 관계입니까?(4-5)

3. 하나님의 은혜를 받은 우리는 모두 은사(영적 재능)를 받았습니다. 구체적
   으로 어떤 은사들입니까?(6-8)

4. 각자 받은 은사의 사용 원칙은 무엇입니까?(6-8)

•POINT•

세상 사람들에게는 각자 재능이 있습니다. 하지만 그리스도인은 구원받을 때 영적
재능까지 하나님께 받았습니다. 성경은 이것을 은사라고 말합니다. 모두 같은 은사
를 받지 않았습니다. 각기 다른 은사를 받았습니다. 영적 재능은 다른 사람과 교회
를 섬기기 위해 주신 것입니다. 다른 사람의 은사가 아닌 나에게 주신 은사를 사용
하여 사람들을 섬겨야 합니다.

말씀과 공감하기

1. 사람을 위해서 사용하면 재능이지만, 하나님을 위해 사용하면 은사가 됩니다. 왜 그리스도인에게 은사가 중요합니까? 각자 받은 은사를 올바르게 사용하는 방법은 무엇입니까?

내가 예언하는 능력이 있어 모든 비밀과 모든 지식을 알고 또 산을 옮길 만한 모든 믿음이 있을지라도 사랑이 없으면 내가 아무 것도 아니요 내가 내게 있는 모든 것으로 구제하고 또 내 몸을 불사르게 내줄지라도 사랑이 없으면 내게 아무 유익이 없느니라(고전 13:2-3)

그런즉 형제들아 어찌할까 너희가 모일 때에 각각 찬송시도 있으며 가르치는 말씀도 있으며 계시도 있으며 방언도 있으며 통역함도 있나니 모든 것을 덕을 세우기 위하여 하라(고전 14:26)

모든 것을 품위 있게 하고 질서 있게 하라(고전 14:40)

삶에 실행하기

1. 나의 재능은 무엇입니까? 내가 받은 영적 재능(은사)은 무엇입니까? 나는
   이 은사를 어떻게 사용해야 한다고 생각합니까?

실천을 위한 Tip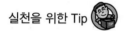

숨은 영적 은사를 찾아라

• 다음 항목에 대답해 보면서 숨어 있는 나의 영적 은사를 발견해
  봅시다.

( ) 이 일이 하나님과 사람에게 소중한 가치가 있다고 생각하는가?

( ) 이 일을 좋아하는가?

( ) 이 일을 하면 행복하고 몰입되는가?

( ) 이 일을 통해 나는 보람을 느끼는가?

( ) 이 일을 위해 무엇이든 투자하는가?

( ) 이 일은 하나님과 이웃을 기쁘게 하는 일인가?

( ) 이 일을 쉽게 배우고 능숙할 때까지 개발하고 싶다.

( ) 보상 없이도 이 일을 할 수 있다.

하나님이 계획하신 진로를 탐색하라

 마음열기

직업 선택 십계명

1. 월급이 적은 쪽을 택하라.
2. 내가 원하는 곳이 아니라 나를 필요로 하는 곳을 택하라.
3. 승진의 기회가 없는 곳을 택하라.
4. 모든 조건이 갖추어진 곳을 피하고 처음부터 다시 시작해야 하는 황무지를 택하라.
5. 앞을 다투어 모여드는 곳은 절대 가지 마라.
6. 장래성이 없다고 생각되는 곳으로 가라.
7. 사회적 존경 같은 것을 바라 볼 수 없는 곳으로 가라.
8. 한 가운데가 아니라 가장 자리로 가라.
9. 부모나 아내가 결사 반대하는 곳이면 틀림없다. 의심치 말고 가라.
10. 왕관이 아니라 단두대가 기다리고 있는 곳으로 가라.

1. 위의 내용은 거창고등학교 졸업생들에게 주는 "직업 선택 십계명"입니다.
   글을 읽고 느낀 점을 서로 나누어 보십시오.

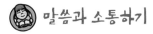
•요한복음 21:15-23을 읽으세요.

15 그들이 조반 먹은 후에 예수께서 시몬 베드로에게 이르시되 요한의
아들 시몬아 네가 이 사람들보다 나를 더 사랑하느냐 하시니 이르
되 주님 그러하나이다 내가 주님을 사랑하는 줄 주님께서 아시나이
다 이르시되 내 어린 양을 먹이라 하시고

16 또 두 번째 이르시되 요한의 아들 시몬아 네가 나를 사랑하느냐 하
시니 이르되 주님 그러하나이다 내가 주님을 사랑하는 줄 주님께서
아시나이다 이르시되 내 양을 치라 하시고

17 세 번째 이르시되 요한의 아들 시몬아 네가 나를 사랑하느냐 하시
니 주께서 세 번째 네가 나를 사랑하느냐 하시므로 베드로가 근심
하여 이르되 주님 모든 것을 아시오매 내가 주님을 사랑하는 줄을
주님께서 아시나이다 예수께서 이르시되 내 양을 먹이라

18 내가 진실로 진실로 네게 이르노니 네가 젊어서는 스스로 띠 띠고
원하는 곳으로 다녔거니와 늙어서는 네 팔을 벌리리니 남이 네게 띠
띠우고 원하지 아니하는 곳으로 데려가리라

19 이 말씀을 하심은 베드로가 어떠한 죽음으로 하나님께 영광을 돌
릴 것을 가리키심이러라 이 말씀을 하시고 베드로에게 이르시되 나
를 따르라 하시니

20 베드로가 돌이켜 예수께서 사랑하시는 그 제자가 따르는 것을 보
니 그는 만찬석에서 예수의 품에 의지하여 주님 주님을 파는 자가
누구오니이까 묻던 자더라

21 이에 베드로가 그를 보고 예수께 여짜오되 주님 이 사람은 어떻게
되겠사옵나이까

22 예수께서 이르시되 내가 올 때까지 그를 머물게 하고자 할지라도
네게 무슨 상관이냐 너는 나를 따르라 하시더라

> 23 이 말씀이 형제들에게 나가서 그 제자는 죽지 아니하겠다 하였으나 예수의 말씀은 그가 죽지 않겠다 하신 것이 아니라 내가 올 때까지 그를 머물게 하고자 할지라도 네게 무슨 상관이냐 하신 것이러라

1. 예수님은 부활 후에 제자들에게 나타나셔서 조반을 준비하여 먹이십니다. 그리고 수제자 베드로에게 사명을 재확인해 주십니다. 어떤 사명입니까?(15-17)

2. 예수님은 베드로가 앞으로 어떤 길을 갈 것인지 예언적으로 말해 주는데 그 내용은 무엇입니까?(18-19)

3. 베드로가 자기 일보다 더 궁금해하던 내용은 무엇입니까? 이것에 대한 주님의 대답은 무엇입니까?(20-22)

4. 주님이 말씀하신 의미는 무엇입니까?(23)

●POINT●

세계 72억 인구 중에 같은 사람은 하나도 없습니다. 하나님은 나를 세상에서 유일한 존재로 만드셨습니다. 나는 나일뿐 나 같은 사람은 없습니다. 나다움을 찾는 것이 중요합니다. 다른 사람을 닮으려고 하지 말고 하나님이 주신 나의 재능을 찾아 나의 길을 가는 것이 하나님이 원하시는 뜻입니다.

말씀과 공감하기

1. 십대는 진로를 탐색하며 정하는 시기입니다. 물론 정확한 진로를 정할 수
   없지만 자기 미래의 방향에 대한 밑그림을 그려야 합니다. 진로를 정할 때
   크리스천 십대로서 변하지 않는 원리로 삼아야 할 원칙은 무엇입니까?

우리가 알거니와 하나님을 사랑하는 자 곧 그의 뜻대로 부르심을 입은 자들에게
는 모든 것이 합력하여 선을 이루느니라(롬 8:28)

여호와여 내가 알거니와 사람의 길이 자신에게 있지 아니하니 걸음을 지도함이
걷는 자에게 있지 아니하니이다(렘 10:23)

너는 마음을 다하여 여호와를 신뢰하고 네 명철을 의지하지 말라 너는 범사에
그를 인정하라 그리하면 네 길을 지도하시리라(잠 3:5-6)

 삶에 실행하기

1. 나에게는 나만의 길이 있습니다. 하나님이 주신 나의 길은 무엇입니까? 아
   직 발견하지 못했다면 그 이유는 무엇입니까?

실천을 위한 Tip

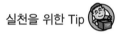 나의 길은 어디인가?

• 나의 진로에 대해 부모님이나 선생님, 친구들이 무엇이라 말하는
  지 그 내용을 적어 보십시오. 그리고 다른 사람에게 한마디 조언
  한다면 무엇이라 말할 수 있습니까?

  -다른 사람이 나에게 말하는 점

  -내가 다른 사람에게 말하고 싶은 점

실력을 키우라

 마음열기

1. 위의 이야기의 공통점은 무엇입니까? 또 이것을 통해 나의 현재 모습을
   솔직하게 말해 보십시오.

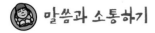 말씀과 소통하기

• 다니엘 1:8-21을 읽으세요.

8 다니엘은 뜻을 정하여 왕의 음식과 그가 마시는 포도주로 자기를 더럽히지 아니하리라 하고 자기를 더럽히지 아니하도록 환관장에게 구하니

9 하나님이 다니엘로 하여금 환관장에게 은혜와 긍휼을 얻게 하신지라

10 환관장이 다니엘에게 이르되 내가 내 주 왕을 두려워하노라 그가 너희 먹을 것과 너희 마실 것을 지정하셨거늘 너희의 얼굴이 초췌하여 같은 또래의 소년들만 못한 것을 그가 보게 할 것이 무엇이냐 그렇게 되면 너희 때문에 내 머리가 왕 앞에서 위태롭게 되리라 하니라

11 환관장이 다니엘과 하나냐와 미사엘과 아사랴를 감독하게 한 자에게 다니엘이 말하되

12 청하오니 당신의 종들을 열흘 동안 시험하여 채식을 주어 먹게 하고 물을 주어 마시게 한 후에

13 당신 앞에서 우리의 얼굴과 왕의 음식을 먹는 소년들의 얼굴을 비교하여 보아서 당신이 보는 대로 종들에게 행하소서 하매

14 그가 그들의 말을 따라 열흘 동안 시험하더니

15 열흘 후에 그들의 얼굴이 더욱 아름답고 살이 더욱 윤택하여 왕의 음식을 먹는 다른 소년들보다 더 좋아 보인지라

16 그리하여 감독하는 자가 그들에게 지정된 음식과 마실 포도주를 제하고 채식을 주니라

17 하나님이 이 네 소년에게 학문을 주시고 모든 서적을 깨닫게 하시고 지혜를 주셨으니 다니엘은 또 모든 환상과 꿈을 깨달아 알더라

18 왕이 말한 대로 그들을 불러들일 기한이 찼으므로 환관장이 그들을 느부갓네살 앞으로 데리고 가니

19 왕이 그들과 말하여 보매 무리 중에 다니엘과 하나냐와 미사엘과 아사랴와 같은 자가 없으므로 그들을 왕 앞에 서게 하고

20 왕이 그들에게 모든 일을 묻는 중에 그 지혜와 총명이 온 나라 박수
와 술객보다 십 배나 나은 줄을 아니라
21 다니엘은 고레스 왕 원년까지 있으니라

1. 다니엘은 왜 왕의 음식과 포도주를 먹지 않으려고 했습니까?(8-9)

2. 다니엘은 환관장에게 구체적인 방안을 제시했는데 그 내용을 말해 보십
   시오.(10-13)

3. 열흘 후에 나타난 다니엘의 모습은 어떠했습니까?(14-16)

4. 다니엘의 지혜는 누가 주신 것이며 그의 지혜는 어느 정도였는지 말해 보
   십시오.(17-20)

•POINT•

인생을 사는 데 중요한 것은 물질보다 지혜입니다. 필요한 것은 지혜이지 물질이 아
닙니다. 물질은 사라지지만 지혜는 사라지지 않습니다. 지혜는 인간의 힘으로는 얻
을 수 없고 하나님이 주셔야만 가질 수 있습니다. 실력은 지식과 지혜를 겸비해야 합
니다. 하나님을 경외하고 사랑하면 하나님이 지혜를 주실 것입니다. 지혜의 원천은
하나님이시기 때문입니다.

말씀과 공감하기

1. 다니엘의 지혜는 바벨론의 박사들보다 열 배나 높았습니다. 이것이 다니
   엘이 총리가 된 이유입니다. 다니엘이 다른 사람보다 실력이 열 배나 높은
   이유는 무엇입니까? 이것을 통해 진정한 실력은 무엇인지 말해 보십시오.

삶에 실행하기

1. 최고의 실력인 지혜와 총명을 갖기 위해서 나는 구체적으로 무엇을 해야
   한다고 생각합니까? 실력을 배가시키는 나만의 방법을 말해 보십시오.

실천을 위한 Tip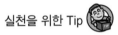

말씀과 기도로 무장하라

• 지혜는 하나님의 말씀을 통해서 얻을 수 있습니다. 말씀은 지혜의
  보고입니다. 또한 기도를 통해 지혜를 얻을 수 있습니다. 기도를
  통해 자신을 죽이고 자기의 어리석음을 제거해야 합니다. 말씀과
  기도로 무장하면 누구든지 지혜로울 수 있습니다. 열 배의 실력을
  키우기 위한 구체적인 실천 계획을 노트에 적어 보십시오.

  -말씀공부(읽기, 공부, 암송, 묵상 등)

  -기도생활(언제, 어디서, 어떻게)

충분히 **준비**하라

 마음열기

1. 위의 그림을 중심으로 해서 지금까지 나의 인생의 곡선 그래프를 그려 보
   세요.

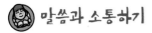 말씀과 소통하기

• 출애굽기 16:1-15을 읽으세요.

1 이스라엘 자손의 온 회중이 엘림에서 떠나 엘림과 시내 산 사이에
   있는 신 광야에 이르니 애굽에서 나온 후 둘째 달 십오일이라
2 이스라엘 자손 온 회중이 그 광야에서 모세와 아론을 원망하여
3 이스라엘 자손이 그들에게 이르되 우리가 애굽 땅에서 고기 가마
   곁에 앉아 있던 때와 떡을 배불리 먹던 때에 여호와의 손에 죽었더
   라면 좋았을 것을 너희가 이 광야로 우리를 인도해 내어 이 온 회중
   이 주려 죽게 하는도다
4 그 때에 여호와께서 모세에게 이르시되 보라 내가 너희를 위하여
   하늘에서 양식을 비 같이 내리리니 백성이 나가서 일용할 것을 날
   마다 거둘 것이라 이같이 하여 그들이 내 율법을 준행하나 아니하
   나 내가 시험하리라
5 여섯째 날에는 그들이 그 거둔 것을 준비할지니 날마다 거두던 것
   의 갑절이 되리라
6 모세와 아론이 온 이스라엘 자손에게 이르되 저녁이 되면 너희가
   여호와께서 너희를 애굽 땅에서 인도하여 내셨음을 알 것이요
7 아침에는 너희가 여호와의 영광을 보리니 이는 여호와께서 너희가
   자기를 향하여 원망함을 들으셨음이라 우리가 누구이기에 너희가
   우리에게 대하여 원망하느냐
8 모세가 또 이르되 여호와께서 저녁에는 너희에게 고기를 주어 먹이
   시고 아침에는 떡으로 배불리시리니 이는 여호와께서 자기를 향하
   여 너희가 원망하는 그 말을 들으셨음이라 우리가 누구냐 너희의
   원망은 우리를 향하여 함이 아니요 여호와를 향하여 함이로다
9 모세가 또 아론에게 이르되 이스라엘 자손의 온 회중에게 말하기를
   여호와께 가까이 나아오라 여호와께서 너희의 원망함을 들으셨느
   니라 하라
10 아론이 이스라엘 자손의 온 회중에게 말하매 그들이 광야를 바라보

니 여호와의 영광이 구름 속에 나타나더라

11 여호와께서 모세에게 말씀하여 이르시되

12 내가 이스라엘 자손의 원망함을 들었노라 그들에게 말하여 이르기를 너희가 해 질 때에는 고기를 먹고 아침에는 떡으로 배부르리니 내가 여호와 너희의 하나님인 줄 알리라 하라 하시니라

13 저녁에는 메추라기가 와서 진에 덮이고 아침에는 이슬이 진 주위에 있더니

14 그 이슬이 마른 후에 광야 지면에 작고 둥글며 서리 같이 가는 것이 있는지라

15 이스라엘 자손이 보고 그것이 무엇인지 알지 못하여 서로 이르되 이것이 무엇이냐 하니 모세가 그들에게 이르되 이는 여호와께서 너희에게 주어 먹게 하신 양식이라

1. 이스라엘 백성들은 광야에서 어떤 문제에 처하게 되었습니까? 이때 그들의 행동을 말해 보십시오.(1-3)

2. 이 문제에 대한 하나님의 해결책은 무엇입니까? 이것을 통해 나타내고자 하시는 하나님의 뜻은 무엇입니까?(4-5, 12)

3. 하나님은 백성들의 원망을 어떻게 처리하셨습니까?(6-10)

4. 광야에서 저녁과 아침에 먹은 것은 무엇입니까? 만나의 의미는 무엇입니까? 왜 이런 음식을 하나님이 먹게 하셨습니까?(11-15)

•POINT•

위대한 사람일수록 어려움이 많습니다. 위대함은 저절로 이루어지지 않습니다. 인간은 자기만을 생각하는 이기적인 존재입니다. 그것을 제거하지 않고는 하나님과 다른 사람을 위해 살기 어렵습니다. 나를 죽이는 광야생활은 하나님의 백성에겐 필수 과정입니다. 큰 거목은 하루아침에 만들어지지 않습니다. 고난은 위대한 일을 위해 거쳐야 할 과정입니다. 이것을 통해 하나님을 의뢰하는 법을 배우는 것이 중요합니다.

말씀과 공감하기

1. 하나님이 이스라엘 백성을 광야로 인도하신 이유는 무엇입니까? 이 세상
   은 하나님의 훈련장입니다. 그래서 사는 것이 힘들고 고난이 많습니다. 인
   생에 고난과 어려움이 있는 이유는 무엇입니까? 하나님은 왜 하루 분량
   만큼의 만나를 주셨으며 여섯째 날은 갑절을 주셨습니까?

그러나 내가 가는 길을 그가 아시나니 그가 나를 단련하신 후에는 내가 순금같
이 되어 나오리라(욥 23:10)

고난 당한 것이 내게 유익이라 이로 인하여 내가 주의 율례들을 배우게 되었나
이다(시 119:71)

내 형제들아 너희가 여러 가지 시험을 당하거든 온전히 기쁘게 여기라 이는 너
희 믿음의 시련이 인내를 만들어 내는 줄 너희가 앎이라 인내를 온전히 이루라
이는 너희로 온전하고 구비하여 조금도 부족함이 없게 하려 함이라(약 1:2-4)

삶에 실행하기

1. 지금까지 살아오면서 인생의 광야가 있었으면 말해 보십시오. 그때 나는 어떻게 문제를 해결했나요? 이것을 통해 나는 어떤 인생 준비를 한다고 생각합니까?

실천을 위한 Tip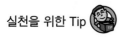

인생 준비표

• 앞으로 나의 인생길은 결코 쉽지 않을 것입니다. 광야와 같이 험난한 인생길을 가기 위해 내가 준비해야 할 일은 무엇인지 정리해 보십시오.

 -앞으로 닥치게 될 사건

 -고난을 이기기 위한 성공 전략

 -꿈을 이루기 위한 준비사항

06

장애물을 정복하라

 마음열기

스누피로 유명한 미국의 만화가 찰스 슐츠는 학생 때 낙제 수준의 성적을 유지했다. 사람들은 그에게 관심이 없었다. 그는 낙오자였다.

그러나 그는 그런 자신의 이야기를 바탕으로 그린 만화로 전 세계적으로 큰 인기를 끌었다. 그의 작품 〈피너츠〉는 35개 국에 수출되었고, 세계 2,600개의 신문에 연재되었다.

1. 위의 이야기를 읽고 느낀 점은 무엇입니까?

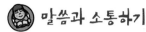

• 출애굽기 14:1-14을 읽으세요.

1 여호와께서 모세에게 말씀하여 이르시되

2 이스라엘 자손에게 명령하여 돌이켜 바다와 믹돌 사이의 비하히롯 앞 곧 바알스본 맞은편 바닷가에 장막을 치게 하라

3 바로가 이스라엘 자손에 대하여 말하기를 그들이 그 땅에서 멀리 떠나 광야에 갇힌 바 되었다 하리라

4 내가 바로의 마음을 완악하게 한즉 바로가 그들의 뒤를 따르리니 내가 그와 그의 온 군대로 말미암아 영광을 얻어 애굽 사람들이 나를 여호와인 줄 알게 하리라 하시매 무리가 그대로 행하니라

5 그 백성이 도망한 사실이 애굽 왕에게 알려지매 바로와 그의 신하들이 그 백성에 대하여 마음이 변하여 이르되 우리가 어찌 이같이 하여 이스라엘을 우리를 섬김에서 놓아 보내었는가 하고

6 바로가 곧 그의 병거를 갖추고 그의 백성을 데리고 갈새

7 선발된 병거 육백 대와 애굽의 모든 병거를 동원하니 지휘관들이 다 거느렸더라

8 여호와께서 애굽 왕 바로의 마음을 완악하게 하셨으므로 그가 이스라엘 자손의 뒤를 따르니 이스라엘 자손이 담대히 나갔음이라

9 애굽 사람들과 바로의 말들, 병거들과 그 마병과 그 군대가 그들의 뒤를 따라 바알스본 맞은편 비하히롯 곁 해변 그들이 장막 친 데에 미치니라

10 바로가 가까이 올 때에 이스라엘 자손이 눈을 들어 본즉 애굽 사람들이 자기들 뒤에 이른지라 이스라엘 자손이 심히 두려워하여 여호와께 부르짖고

11 그들이 또 모세에게 이르되 애굽에 매장지가 없어서 당신이 우리를 이끌어 내어 이 광야에서 죽게 하느냐 어찌하여 당신이 우리를 애굽에서 이끌어 내어 우리에게 같이 하느냐

12 우리가 애굽에서 당신에게 이른 말이 이것이 아니냐 이르기를 우리

를 내버려 두라 우리가 애굽 사람을 섬길 것이라 하지 아니하더냐
애굽 사람을 섬기는 것이 광야에서 죽는 것보다 낫겠노라
13 모세가 백성에게 이르되 너희는 두려워하지 말고 가만히 서서 여호
와께서 오늘 너희를 위하여 행하시는 구원을 보라 너희가 오늘 본
애굽 사람을 영원히 다시 보지 아니하리라
14 여호와께서 너희를 위하여 싸우시리니 너희는 가만히 있을지니라

1. 이스라엘 백성이 광야에서 장막을 치는 것을 보고 바로는 어떤 생각을 했
   습니까?(1-3)

2. 하나님은 바로의 마음을 어떻게 했습니까?(4, 8)

3. 마음이 완악해진 바로는 결국 어떻게 행동했습니까?(4-9)

4. 쫓아오는 바로의 군대를 보자 백성은 어떻게 행동했습니까? 모세는 두려
   워하고 있는 백성에게 어떤 해결책을 제시했습니까?(10-14)

•POINT•

장애물은 나의 길을 찾기 위한 방향표입니다. "여기는 위험하니 이 길을 우회하시오",
"힘들어도 이 길을 조심스럽게 통과하시오", "내리막길이니 속도를 줄이시오" 등 다
양한 방향과 경고 표지를 보듯이 인생의 장애물의 의미를 생각하는 것이 중요합니
다. 그것을 통해서 우리는 믿음과 실력이 좋아집니다. 장애물은 피한다고 해결되지
않습니다. 정면 돌파해야 합니다.

말씀과 공감하기

1. 이스라엘 백성은 앞으로도 가지 못하고 뒤로도 가지 못하는 상황에서 불평했는데 그렇게 된 가장 큰 이유는 무엇입니까? 사람들은 장애물을 힘들어 합니다. 그러나 장애물이 주는 유익은 무엇입니까?

그러므로 너희가 이제 여러 가지 시험으로 말미암아 잠깐 근심하게 되지 않을 수 없으나 오히려 크게 기뻐하는도다 너희 믿음의 확실함은 불로 연단하여도 없어질 금보다 더 귀하여 예수 그리스도께서 나타나실 때에 칭찬과 영광과 존귀를 얻게 할 것이니라(벧전 1:6-7)

사랑하는 자들아 너희를 연단하려고 오는 불 시험을 이상한 일 당하는 것같이 이상히 여기지 말고 오히려 너희가 그리스도의 고난에 참여하는 것으로 즐거워하라 이는 그의 영광을 나타내실 때에 너희로 즐거워하고 기뻐하게 하려 함이라 (벧전 4:12-13)

만일 그리스도인으로 고난을 받으면 부끄러워하지 말고 도리어 그 이름으로 하나님께 영광을 돌리라(벧전 4:16)

삶에 실행하기

1. 현재 나를 어렵게 하는 장애물은 무엇입니까? 이것이 주는 유익은 무엇이
   라고 생각합니까?

실천을 위한 Tip

장애물을 통과하라

- 내가 성숙하고 성장하기 위해서는 장애물 통과가 필수입니다. 공
  부하는 학생의 실력을 올리기 위해서는 시험이 필수입니다. 어떻
  게 하면 인생의 장애물을 극복할 수 있는지 나만의 원칙을 5가지
  정해 보십시오.

  1.
  2.
  3.
  4.
  5.

재능을 강점으로 만들라

 마음열기

1. 천재 물리학자인 아인슈타인은 어릴 때 주의력결핍 및 과잉행동장애를 보인 저능아로 찍혔습니다. 학교에서마저 가망이 없으니 자퇴하는 것이 좋겠다고 했던 아이였습니다. 그런데 어떻게 해서 아인슈타인은 성공했을까요? 재능과 강점의 차이점은 무엇인가요? 왜 강점이 중요하다고 생각합니까?

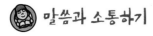 말씀과 소통하기

• 사사기 16:18-30을 읽으세요.

18 들릴라가 삼손이 진심을 다 알려 주므로 사람을 보내어 블레셋 사
   람들의 방백들을 불러 이르되 삼손이 내게 진심을 알려 주었으니 이
   제 한 번만 올라오라 하니 블레셋 방백들이 손에 은을 가지고 그 여
   인에게로 올라오니라

19 들릴라가 삼손에게 자기 무릎을 베고 자게 하고 사람을 불러 그의
   머리털 일곱 가닥을 밀고 괴롭게 하여 본즉 그의 힘이 없어졌더라

20 들릴라가 이르되 삼손이여 블레셋 사람이 당신에게 들이닥쳤느니라
   하니 삼손이 잠을 깨며 이르기를 내가 전과 같이 나가서 몸을 떨치리
   라 하였으나 여호와께서 이미 자기를 떠나신 줄을 깨닫지 못하였더라

21 블레셋 사람들이 그를 붙잡아 그의 눈을 빼고 끌고 가사에 내려가
   놋 줄로 매고 그에게 옥에서 맷돌을 돌리게 하였더라

22 그의 머리털이 밀린 후에 다시 자라기 시작하니라

23 블레셋 사람의 방백들이 이르되 우리의 신이 우리 원수 삼손을 우
   리 손에 넘겨 주었다 하고 다 모여 그들의 신 다곤에게 큰 제사를 드
   리고 즐거워하고

24 백성들도 삼손을 보았으므로 이르되 우리의 땅을 망쳐 놓고 우리의
   많은 사람을 죽인 원수를 우리의 신이 우리 손에 넘겨 주었다 하고
   자기들의 신을 찬양하며

25 그들의 마음이 즐거울 때에 이르되 삼손을 불러다가 우리를 위하여
   재주를 부리게 하자 하고 옥에서 삼손을 불러내매 삼손이 그들을
   위하여 재주를 부리니라 그들이 삼손을 두 기둥 사이에 세웠더니

26 삼손이 자기 손을 붙든 소년에게 이르되 나에게 이 집을 버틴 기둥
   을 찾아 그것을 의지하게 하라 하니라

27 그 집에는 남녀가 가득하니 블레셋 모든 방백들도 거기에 있고 지붕

에 있는 남녀도 삼천 명 가량이라 다 삼손이 재주 부리는 것을 보더라

28 삼손이 여호와께 부르짖어 이르되 주 여호와여 구하옵나니 나를 생
   각하옵소서 하나님이여 구하옵나니 이번만 나를 강하게 하사 나의
   두 눈을 뺀 블레셋 사람에게 원수를 단번에 갚게 하옵소서 하고

29 삼손이 집을 버틴 두 기둥 가운데 하나는 왼손으로 하나는 오른손
   으로 껴 의지하고

30 삼손이 이르되 블레셋 사람과 함께 죽기를 원하노라 하고 힘을 다
   하여 몸을 굽히매 그 집이 곧 무너져 그 안에 있는 모든 방백들과 온
   백성에게 덮이니 삼손이 죽을 때에 죽인 자가 살았을 때에 죽인 자
   보다 더욱 많았더라

1. 삼손이 들릴라에게 유혹을 받은 상황을 정리해 보십시오.(18-20)

2. 힘이 빠진 삼손은 블레셋 사람에게 잡혀서 어떻게 되었습니까?(21-27)

3. 삼손은 마지막으로 하나님께 어떤 기도를 드렸습니까?(28)

4. 그 결과는 어떠했습니까?(29-30)

●POINT●

모든 힘(재능, 은사)은 하나님에게서 나옵니다. 힘의 근원은 하나님입니다. 하나님을
잊으면 힘이 사라집니다. 힘이 오히려 하나님을 거부하는 이유가 되면 안 됩니다. 우
리에게 있는 재능과 은사와 강점은 모두 하나님에게서 온 것입니다. 그러므로 힘은
하나님과 이웃을 위해 사용되어야 합니다. 그렇지 않고 자기 욕심을 위해 사용하면
그 힘은 사라집니다.

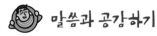 말씀과 공감하기

1. 하나님이 삼손에게 주신 은사는 무엇입니까? 그가 은사를 강점으로 극대
   화시키지 못하고 실패한 이유는 무엇입니까?

나의 힘이신 여호와여 내가 주를 사랑하나이다 여호와는 나의 반석이시요 나의
요새시요 나를 건지시는 이시요 나의 하나님이시요 내가 그 안에 피할 나의 바
위시요 나의 방패시요 나의 구원의 뿔이시요 나의 산성이시로다(시 18:1-2)

네 하나님 여호와를 기억하라 그가 네게 재물 얻을 능력을 주셨음이라(신 8:18)

이는 네 속에 거짓이 없는 믿음이 있음을 생각함이라 이 믿음은 먼저 네 외조모
로이스와 네 어머니 유니게 속에 있더니 네 속에도 있는 줄을 확신하노라 그러
므로 내가 나의 안수함으로 네 속에 있는 하나님의 은사를 다시 불일듯 하게 하
기 위하여 너로 생각하게 하노니(딤후 1:5-6)

삶에 실행하기

1. 하나님이 주신 나의 재능과 은사는 무엇입니까? 그것을 강점으로 만들기 위해 나는 현재 어떤 노력을 하고 있습니까?

실천을 위한 Tip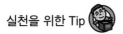

나에게 주신 은사는?

• 모두에게 하나님이 주신 재능과 은사가 있습니다. 그것을 강점으로 만들어 가기 위해서는 재능과 은사를 하나님을 위해 사용한다는 목표가 있어야 합니다. 그렇지 않으면 잘못 사용될 수 있습니다.

-다음 사항을 점검해 보고 숫자에 동그라미를 치십시오.
  1. 열정: 나는 자신이 하는 일을 사랑하는가? 대가나 보수 없이도 그 일을 하는가?(1 2 3)
  2. 재능: 나는 내 일을 잘하며 흥미를 가지고 있는가?(1 2 3)
  3. 가치: 내가 하고 있는 일에 대해 가치를 느끼고 있는가?(1 2 3)
  4. 소명: 이것이 하나님이 주신 일이라고 생각하는가? 인류를 위해 봉사하고 싶은 마음이 있으며 죽을 각오까지 있는가?(1 2 3)

-나의 강점을 만들어 어떻게 사용할 계획인지 말해 보십시오.

08

좋은 성품을 계발하라

 마음열기

1. 내가 가지고 있는 좋은 성품과 나쁜 성품을 각자 찾아 말해 보십시오.

-좋은 성품 :

-나쁜 성품 :

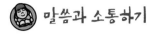 말씀과 소통하기

• 창세기 1:26-31을 읽으세요.

26 하나님이 이르시되 우리의 형상을 따라 우리의 모양대로 우리가 사
   람을 만들고 그들로 바다의 물고기와 하늘의 새와 가축과 온 땅과
   땅에 기는 모든 것을 다스리게 하자 하시고
27 하나님이 자기 형상 곧 하나님의 형상대로 사람을 창조하시되 남자
   와 여자를 창조하시고
28 하나님이 그들에게 복을 주시며 하나님이 그들에게 이르시되 생육
   하고 번성하여 땅에 충만하라, 땅을 정복하라, 바다의 물고기와 하
   늘의 새와 땅에 움직이는 모든 생물을 다스리라 하시니라
29 하나님이 이르시되 내가 온 지면의 씨 맺는 모든 채소와 씨 가진 열
   매 맺는 모든 나무를 너희에게 주노니 너희의 먹을 거리가 되리라
30 또 땅의 모든 짐승과 하늘의 모든 새와 생명이 있어 땅에 기는 모든
   것에게는 내가 모든 푸른 풀을 먹을 거리로 주노라 하시니 그대로
   되니라
31 하나님이 지으신 그 모든 것을 보시니 보시기에 심히 좋았더라 저녁
   이 되고 아침이 되니 이는 여섯째 날이니라

1. 하나님은 우리 인간을 어떻게 창조하셨습니까?(26-27)

2. 인간을 만드신 후 하나님은 인간에게 어떤 책임과 복을 주셨습니까?(28)

3. 하나님이 인간과 생물들에게 먹을거리로 주신 것은 무엇입니까?(29-30)

4. 하나님이 만드신 모든 것은 보시기에 어떠했습니까?(31)

•POINT•

인간은 하나님을 닮았습니다. 그런 이유로 인간은 하나님의 형상과 성품에 관심을 가져야 합니다. 하지만 타락한 이후로 인간은 악하게 되었습니다. 다른 사람을 배려하고 하나님의 약속을 지키기보다는 자기 욕망을 위하여 살아가는 존재가 되었습니다. 하나님의 성품을 잃어버린 이유로 세상은 타락했습니다. 인간이 해야 할 최우선의 일이 바로 하나님의 성품을 회복하는 일입니다.

말씀과 공감하기

1. 인간은 하나님의 형상대로 만들어진 하나님의 성품을 닮은 존재입니다.
   구체적으로 어떤 성품인지 말해 보십시오. 하나님이 동물과 자연을 만드
   신 목적은 무엇입니까? 이것은 인간과 어떤 관계를 맺어야 합니까?

 말씀 Tip

너희는 유혹의 욕심을 따라 썩어져 가는 구습을 따르는 옛 사람을 벗어 버리고
오직 너희의 심령이 새롭게 되어 하나님을 따라 의와 진리의 거룩함으로 지으심
을 받은 새 사람을 입으라(엡 4:22-24)

너희가 전에는 어둠이더니 이제는 주 안에서 빛이라 빛의 자녀들처럼 행하라 빛
의 열매는 모든 착함과 의로움과 진실함에 있느니라(엡 5:8-9)

이로써 그 보배롭고 지극히 큰 약속을 우리에게 주사 이 약속으로 말미암아 너
희가 정욕 때문에 세상에서 썩어질 것을 피하여 신성한 성품에 참여하는 자가
되게 하려 하셨느니라 그러므로 너희가 더욱 힘써 너희 믿음에 덕을, 덕에 지식
을, 지식에 절제를, 절제에 인내를, 인내에 경건을, 경건에 형제 우애를, 형제 우
애에 사랑을 더하라(벤후 1:4-7)

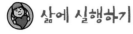 삶에 실행하기

1. 현재 나에게 있는 악한 성품을 찾아 보십시오. 그리고 앞으로 내 안에 추구해야 할 하나님의 성품은 무엇인지 찾아 보십시오.

실천을 위한 Tip

 하나님의 성품을 닮으라

- 실력은 인성에서 나옵니다. 인성은 하나님의 형상이요 주님의 성품을 의미합니다. 현재 나의 삶에서 하나님의 형상과 성품을 파괴하는 일은 무엇이며, 이것을 해결하기 위한 실천 계획은 무엇입니까?

나쁜 성품	해결하는 방법
개인	
가정	
이웃, 학교, 친구	

09

끝까지 **포기**하지 말라

 마음열기

레오나르도 다 빈치.
〈최후의 만찬〉을 그리기 위해
10년의 기간이 걸렸다.

베이브 루스.
미국의 홈런왕. 그는 삼진을 가장
많이 당한 선수로 삼진왕이란
별명이 있다.

드디어
완성이야

실락원

존 밀턴. 실명을 하고 아내가 죽는 등
수많은 역경 속에서 불후의 명작인 〈실락원〉을 완성.

1. 세 사람의 공통점은 무엇이며 이것을 통해 느낀 점은 무엇입니까?

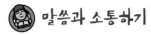 말씀과 소통하기

1. 예수님에게 다가온 사람은 누구입니까? 그는 예수님께 무엇을 구했습니

   까?(21-22)

2. 예수님의 반응은 어떠했습니까?(23)

3. 여자는 다시 예수님께 나왔지만 어떤 거절을 당했습니까?(25-27)

4. 예수님이 여자에게 무엇이라 칭찬했습니까? 그 이후에 여자의 문제는 어떻게 해결되었습니까?(28)

•POINT•

믿음이 있는 사람은 결코 포기하지 않습니다. 포기한다는 것은 믿음이 부족하다는 말입니다. 포기하는 이유는 자기의 욕심과 체면과 죄악 때문입니다. 꿈이 빨리 이루어지지 않는 것을 너무 힘들어하지 말고 자신을 죽이는 기회로 삼으십시오. 자기의 부족함을 오히려 하나님을 신뢰하는 기회로 만드세요. 그때는 하나님이 이루십니다. 자기의 자아가 죽는 만큼 성취도 빨리 이루어집니다. 쉽게 이루어지면 오히려 나에게 독이 됩니다.

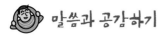 말씀과 공감하기

1. 여자의 간구에도 예수님은 왜 계속 거절하셨다고 생각합니까? 여자의 끈
   질긴 간구를 통해서 발견되는 영적 교훈은 무엇입니까?

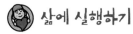 **삶에 실행하기**

1. 그동안 쉽게 포기하고 그만 둔 경험이 있으면 말해 보고 왜 그렇게 되었
   는지 그 이유를 이야기해 보십시오.

실천을 위한 Tip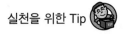

인내를 가져라

• 내가 지금 간절히 원하는 것은 무엇입니까? 그것을 이루기 위해
  나는 어떤 것을 해결해야 한다고 생각합니까? 예상되는 장애물은
  무엇인지 말해 보십시오.

  -원하는 것

  -해결방법

  -예상되는 장애물

10

날마다 **새롭게** 하라

 마음열기

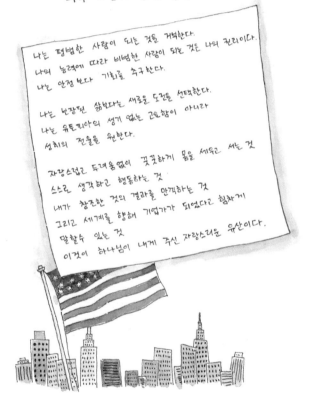

미국 기업가 협회 공식 신조

나는 평범한 사람이 되는 것을 거부한다.
나의 능력에 따라 비범한 사람이 되는 것은 나의 권리이다.
나는 안정 보다 기회를 추구한다.

나는 보장된 삶보다는 새로운 도전을 선택한다.
나는 유토피아의 생기 없는 고요함이 아니라
성취의 전율을 원한다.

자랑스럽고 두려움없이 꿋꿋하게 몸을 세우고 서는 것
스스로 생각하고 행동하는 것
내가 창조한 것의 결과를 만끽하는 것
그리고 세계를 향해 기업가가 되었다고 힘차게
말할수 있는 것
이것이 하나님이 내게 주신 자랑스러운 유산이다.

1. 위의 내용을 보고 마음에 와닿는 구절이 무엇인지 말해 보세요.

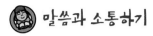 **말씀과 소통하기**

• 요한복음 2:13-22을 읽으세요.

13 유대인의 유월절이 가까운지라 예수께서 예루살렘으로 올라가셨더니

14 성전 안에서 소와 양과 비둘기 파는 사람들과 돈 바꾸는 사람들이 앉아 있는 것을 보시고

15 노끈으로 채찍을 만드사 양이나 소를 다 성전에서 내쫓으시고 돈 바꾸는 사람들의 돈을 쏟으시며 상을 엎으시고

16 비둘기 파는 사람들에게 이르시되 이것을 여기서 가져가라 내 아버지의 집으로 장사하는 집을 만들지 말라 하시니

17 제자들이 성경 말씀에 주의 전을 사모하는 열심이 나를 삼키리라 한 것을 기억하더라

18 이에 유대인들이 대답하여 예수께 말하기를 네가 이런 일을 행하니 무슨 표적을 우리에게 보이겠느냐

19 예수께서 대답하여 이르시되 너희가 이 성전을 헐라 내가 사흘 동안에 일으키리라

20 유대인들이 이르되 이 성전은 사십육 년 동안에 지었거늘 네가 삼 일 동안에 일으키겠느냐 하더라

21 그러나 예수는 성전된 자기 육체를 가리켜 말씀하신 것이라

22 죽은 자 가운데서 살아나신 후에야 제자들이 이 말씀하신 것을 기억하고 성경과 예수께서 하신 말씀을 믿었더라

---

1. 예수님이 성전에 올라가 무엇을 보셨습니까?(13-14)

2. 예수님은 성전 안에 있는 장사꾼을 보시고 어떤 행동을 하셨습니까? 그리고 그들에게 어떤 말씀을 하셨습니까?(15-16)

3. 예수님의 행동을 보고 제자들이 기억한 구약의 말씀은 무엇입니까?(17)

4. 예수님은 성전에 대해서 무엇이라 말씀하셨습니까? 이것의 의미를 제자들은 언제 기억하고 믿었습니까?(19-22)

•POINT•

신앙은 생명입니다. 생명은 날마다 자라고 새로워져야 함을 의미합니다. 신앙은 멈추면 죽습니다. 예수 믿는 삶이란 날마다 새롭게 갱신하는 삶을 의미합니다. 멈추면 그 순간 신앙은 미신이 됩니다. 자기 고정관념에 사로잡혀 신앙이 욕심으로 변질될 수 있습니다. 매일 내가 새롭게 되는 일에 힘쓰지 않으면 우리의 신앙은 퇴보하게 됩니다.

말씀과 공감하기

1. 예수님이 이 성전을 헐라고 하시면서 새롭게 했는데 그것은 구체적으로
   무엇을 의미합니까? 왜 성전에서 장사꾼을 쫓아내셨습니까? 이것은 오늘
   날 우리의 신앙이 어떠해야 함을 말해 줍니까?

이에 가르쳐 이르시되 기록된 바 내 집은 만민이 기도하는 집이라 칭함을 받으리
라고 하지 아니하였느냐 너희는 강도의 소굴을 만들었도다 하시매(막 11:17)

형제들아 내가 그리스도 예수 우리 주 안에서 가진 바 너희에 대한 나의 자랑을
두고 단언하노니 나는 날마다 죽노라(고전 15:31)

생베 조각을 낡은 옷에 붙이는 자가 없나니 이는 기운 것이 그 옷을 당기어 해어
짐이 더하게 됨이요 새 포도주를 낡은 가죽 부대에 넣지 아니하나니 그렇게 하
면 부대가 터져 포도주도 쏟아지고 부대도 버리게 됨이라 새 포도주는 새 부대
에 넣어야 둘이 다 보전되느니라(마 9:16-17)

하나님께서 지으신 모든 것이 선하매 감사함으로 받으면 버릴 것이 없나니 하나
님의 말씀과 기도로 거룩하여짐이라(딤전 4:4-5)

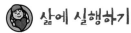 **삶에 실행하기**

1. 내가 성장한다는 것은 새로워진다는 의미입니다. 내가 날마다 새롭게 개혁해야 할 부분이 있다면 그것은 무엇입니까? 나를 개혁하는 데 가장 큰 장애물은 무엇입니까?

실천을 위한 Tip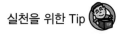

나를 새롭게 하려면?

• 나를 개혁하기 위한 구체적인 방법은 무엇입니까? 생각만 하고 실천하지 않으면 점점 퇴보하게 됩니다. 나를 새롭게 하기 위해 당장 실천할 수 있는 길을 찾아 보십시오.

-말씀생활

-기도생활

-언제, 어디서, 어떻게, 누구와 함께